AF233238

LE
COUP D'ÉTAT

DES

ESPAGNOLS

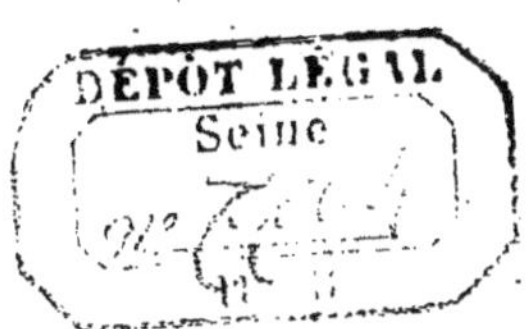

PRIX : UN FRANC

EN VENTE

A LA GRANDE LIBRAIRIE, RUE LAFAYETTE, 52,
ET CHEZ TOUS LES LIBRAIRES.

—

PARIS 1868.

LE COUP D'ÉTAT

DES

ESPAGNOLS

I.

L'Espagne est en feu, annoncent les gazettes. L'élément révolutionnaire dévore le pays depuis Cadix jusqu'à Séville, affirment les correspondants bien informés. L'annonce d'une révolution en Espagne nous rappelle involontairement ce mot célèbre de Ferdinand VII, à propos des révolutions ministérielles :

« — Le même collier avec des chiens différents ! »

Ce monarque, qui n'a guère légué à l'histoire que sa peur et ses drôleries, — sans compter sa fille, — avait raison..

Partout en Europe une révolution poursuit un principe, renferme une idée, se propose quelque chose.

En Espagne, — et c'est pitié pour elle, — les révolutions, — *pronunciamientos*, se font sans plan déterminé, ni but à atteindre, comme une partie de plaisir, — coûteuse toujours; car les hommes qui se *prononcent* n'ont pas eu le temps de se bien demander d'abord, ce qu'ils demanderont ensuite. Le plus pressé est de faire tourner l'armée, de dépaver quelques rues qu'on repavera demain, de fusiller quelques pauvres diables, de créer quelques généraux et de grever le budget de quelques millions de réaux en plus.

Le pays paie, mais le pays s'amuse... on lui en donne pour son argent.

..

De même que les grandes tempêtes sont précédées de signes précurseurs, les *pronunciamientos* sont précédés de signes infaillibles et qui ne peuvent laisser aucun doute aux experts dans ce métier : nous disons métier, car on peut considérer comme tel, *l'art de se prononcer et de se déprononcer* à volonté.

Le mot ne fait rien à la chose : vieux dicton français ; en Espagne, la saison ne fait rien aux *pronunciamientos* : cependant, presque tous ces *pronunciamientos*, — ceux de première classe, entre autres, où le peuple est mitraillé d'une façon qui ne laisse rien à désirer, — ont lieu en été.

Les petits-fils de don Quichotte, qui l'hiver ont assez de besogne à porter leur manteau, occupent leurs loisirs de l'été, — époque des vacances, — en faisant leur partie de *pronunciamientos* en trois mois liés, juillet, août, septembre, et en quinze cents nominations.

Le gouvernement prévoit tout, *prend* ses mesures, et comme le verbe *prendre* a de nombreuses acceptions en espagnol, il n'en oublie aucune et fait disparaître prestement dans sa chute, son bien et celui d'autrui. Le cabinet Sartorius, en quittant le ministère, en juin 1854, ne laissa 7 fr. 50 dans les coffres de l'Etat, que parce qu'il ne trouva pas à temps sous sa main le caissier royal.

Un *pronunciamiento* est-il dans l'air, vite on oublie de solder les *cesantes*, — retraités civils ; classe inoffensive de citoyens, qui a prouvé en Espagne, maintes fois, que l'on peut vivre de faim. Le gouvernement change ses préfets et ses capitaines-généraux, expédie des agents en province, lâche sa meute de policiers et, — héroïque mesure ! — ferme les maisons de jeu et de joie.

II.

L'*empleo-mania*, — maladie héréditaire qui se révèle aussi en France par un désir immodéré d'émarger au budget : *budgetophagie*, — dévore tout Madrilène dès son enfance. A Madrid on naît employé ; enrégimenter son enfant dans quelque ministère est le vœu cher au cœur de tout père castillan qui peut alors s'envelopper avec fierté dans son manteau de quinze aunes, (*pañosa*), en s'écriant : « Mon fils appartient à l'administration ! »

Maisons de jeu, maisons de joie, maisons de prêts, cirques de taureaux, exutoires à tous les vices et à toutes les passions, tel est le fond de l'industrie madrilène.

Le *café y media tosdada*, — mélange national de café et de lait, servi dans un verre avec du pain et du beurre, — est la base de l'existence ; supprimez-le, et l'on verra éclater dans Madrid la plus violente des insurrections.

Et pourtant combien de pronunciamientos *le café y media tosdada* n'a-t-il pas fait éclore ?

L'homme travaille pour vivre, bien que les trois quarts d'entre eux vivent pour travailler, — mais quand on déjeune d'une cigarette et qu'on dine pour cinquante centimes, le *far niente* est si doux et surtout si facile ! A Madrid, le chez-soi n'est pas un besoin, on vit au café. Un homme entre dans un café, demande les journaux, les lit, — ou les met dans sa poche, sans doute pour justifier ce proverbe éminemment national : « Tout ce qui est en Espagne, est à tous les Espagnols, » — prend des allumettes, parfois même du tabac, vide, à grands traits, bon nombre de verres d'eau fraiche, et après trois heures de circonvallations et de préliminaires, réclame enfin au garçon, qu'il tutoie, son *café y media tostada*. A minuit, notre homme sera encore là.

S'il consomme peu, en revanche il parle beaucoup.

Comme Ferdinand VII, grand amateur de tauromachie, ferma, par économie, les écoles et les universités pour fonder une *escuela de tauromaquia* (école de toréadors), l'oisif Madrilène hésite à converser sur les sciences et les arts. De quoi voulez-vous donc qu'il s'occupe ? De quoi voulez-vous qu'il parle ? De politique !

Ignorant tous les grands événements, sans idées précises sur les révolutions sociales qui se sont pro-

duites depuis un siècle dans le monde, même sur celle de France, aurait-il soixante ans, sa vie est encore trop courte pour lui permettre de jeter un coup d'œil rapide sur la kyrielle de *pronunciamientos* qui ont secoué la torpeur de son pays.

Avec cette solide éducation, une seule carrière est ouverte à son génie : la Politique. D'ailleurs, plusieurs de ses amis, dont la profession consistait à être de simples amateurs-journalistes, ont gravi d'un bond les degrés qui conduisent au Pouvoir. Pourquoi n'en ferait-il pas autant ?

Il se sent un *pronunciamiento* dans le ventre, tout comme un autre. Il s'agrège à la *bohême*, et la bohême mène à tout en Espagne.

A la faveur d'un *pronunciamiento* bien lancé, on fait un portefeuille comme on fait un mouchoir.

Qu'un homme jeune et bien doué se livre au négoce ; comme presque personne n'achète, ou que ceux qui achètent n'ont pas l'habitude de payer, après trente ans de luttes commerciales, il aboutit tout naturellement à la faillite.

Qu'il exerce la médecine, il en sera pour ses visites ; car presque tous les malades riches se font soigner à Paris, les pauvres seuls lui restent.

Il étudie le droit : le voilà avocat comme vous, comme moi, comme le premier venu. Mais comme le premier venu aussi il peut devenir premier ministre, s'il ne meurt pas de misère en route.

Quel parti lui restait-il à prendre ?

Fatalement celui des armes, du journalisme ou de l'usure :

Trois excellentes choses, et qui donnent le droit de

porter haut la tête, à moins qu'elles ne vous conduisent
pas à une culbute brillante dans une fosse bourbeuse.

Parlerons-nous de la soutane? Être prêtre en Espagne, c'est moins une affaire de vocation qu'une
affaire d'épaules et d'estomac.

Pour appartenir au haut clergé, il faut se plier tant
et tant... tout le monde n'a pas une échine de singe.

Le padre Claret, lui, n'a pas besoin de se courber, le
digne confesseur d'Isabelle rampe comme un animal
visqueux — grâce de nature !

Pour être simple *cura de misa y olla*, — mot à mot :
curé de messe et de marmite, — il faut baragouiner
un peu le latin, connaître à fond tous les secrets du
monte, sorte de lansquenet, être fait et refait au cho-
colat, et surtout respirer dans sa mise et dans sa personne un certain parfum de malpropreté native.

Deux lucratives professions encore, — et que nous
nous faisons un devoir d'indiquer aux hommes de
bonne volonté athlétiquement construits, — sont celles
de *torero* et de *cantante*.

La première n'est pas sans péril, depuis que Ferdinand VII se prit à protéger les taureaux. De même
que les chevaux de course d'Angleterre sont devenus
plus vigoureux par l'entraînement, les cornes de
taureaux, grâce au goût d'un Bourbon, sont devenues
plus abondantes, plus longues et plus aiguës.

Quant à la seconde industrie, celle du chant, il faut
avoir, comme M. Obregon, par exemple, une belle
voix, une forte poitrine ; une forte poitrine surtout,
non-seulement pour chanter, mais aussi pour y étaler
les nombreuses décorations que pourraient y accrocher
une main auguste et dodue.

Les privilégiés seuls peuvent aspirer à tant d'honneurs et de bonheur à la fois : succès de tempérament.

Notre homme, jeune et bien doué, se voue donc à la noble profession des armes.

Un *pronunciamiento* est à l'armée, ce que la vapeur concentrée est à la locomotive. Chacun sait cela.

Notre homme a vu ou entendu dire que certains soldats, de simples lieutenants qu'ils étaient le matin en se jetant à bas du lit, se sont recouchés, le soir même, avec les triples chevrons de général de brigade. La légende ne dit pas si le soldat avait changé de lit, qu'importe !

Mais la poudre fait peur à notre néophyte, il préfère les escarmouches violentes, bien que moins périlleuses, du journalisme.

Du fait-divers, il passe à l'article de fond, de l'article de fond à la profession de foi, — son *pronunciamiento* à lui. — Le voilà rédacteur en chef d'un journal officiel, député, ministre ! Comme Sartorius, Lopez Roberts, Gonzalez Bravo et tant d'autres, qui se sont remboursés largement et en bloc des milliers d'articles que le caissier du journal avait obstinément oublié de payer, et pour cause.

Don Luis Sartorius, comte de San-Luis, commença plus modestement que toi, jeune homme ; au journal le *Héraldo*, le futur premier ministre collait les bandes, et la colle dont il salissait ses doigts crochus, tenait si bien et si fort que, quelques années plus tard, un portefeuille s'y colla, ou Sartorius se colla au portefeuille ; et de telle manière qu'il fut nécessaire, en 1854, de lui montrer la pointe des baïonnettes pour le forcer à lâcher sa proie.

Don Luis Gonzalez Bravo figure, lui aussi, dans cette pléiade de bohêmes triomphants.

Jadis, huché sur les tables de café, il déclamait des harangues républicaines à faire pâlir le jacobin le plus endurci.

A cette époque le jeune tribun aurait pu s'écrier comme son compatriote Don César de Bazan :

Je marche dans ma force et les souliers d'autrui !...

Le *Guirigay*, son journal, ne lui permettait guère que de dîner de deux jours l'un ; aujourd'hui son abdomen rebondi, affirme éloquemment que son maître a rattrapé les dîners perdus.

Il a même trouvé dans son portefeuille de ministre le plan d'une maison à cinq étages qu'il s'est fait construire en plein Madrid, rue de la Paix.

« L'Espagne est un merveilleux pays pour remplir sa bourse et aller la retourner à l'étranger. »

Actuellement, l'ex-premier ministre d'Isabelle II achète des violettes à Isabelle la bouquetière.

Néanmoins, la vie de journaliste n'est pas toujours couleur de rose. La plume est souvent brisée par l'épée, surtout quand cette épée est dans la main du général Hoyos, libéral en 1854, rétrograde en 1856. Ce caméléon militaire adorait la presse, disait-il, mais comme le loup aime l'agneau.

Le loup, capitaine général de Madrid, flairant, il y a deux ans, qu'un fait vrai, mais qu'il tenait à voir rester secret, allait être révélé par la *Correspondencia*.

donna l'ordre à l'un de ses louveteaux d'appréhender au corps un estimable agneau du journalisme, M. José Bravo.

L'agneau est traîné dans l'antre du loup.

« — Caramba ! hurle le capitaine Hoyos. Quatre hommes et un prêtre tout de suite ! Qu'on fusille ce gaillard-là ! Ça apprendra à messieurs les grappe-papier à se mêler de ce qui les regarde. Puisqu'ils sont si affamés de nouvelles à sensation, en voilà une corsée : l'exécution d'un journaliste. »

Ces choses se disent mais ne se font pas, même en Espagne, car l'on peut applaudir chaque jour, au café de Mulhouse, aux brillants *massés* du directeur de la *Correspondencia* : Plume légère, forte queue !

Si le général Hoyos avait une façon spéciale d'encourager les lettres, il raffolait par contre des beaux-arts. M. Luis Rivera, un jeune et spirituel auteur dramatique, caricaturiste à ses heures dans le *Gil-Blas*, l'apprit à ses dépens.

Il fut un jour mandé par l'ogre de Madrid, qui lui déclara nettement qu'il ne voulait pas de tous ces *monos*, petits bonshommes.

. .

Le pays qui a eu l'insigne fortune de donner le jour à sainte Thérèse et à sœur Patrocinio, la vierge aux saints stigmates, compte des partis à la douzaine ; ce n'est pas parti, mais coterie que l'on devrait dire, car on ne peut donner le nom de parti à un groupe de sept personnes, puisqu'il n'y a que sept portefeuilles à se partager.

Deux factions ont principalement contribué à décon-

sidérer la dynastie régnante, à ébranler le trône d'Isabelle.

Premièrement : le parti *moderado* ayant pour chef
feu Narvaez, duc de Valence.

Une anecdote qui le peindra de la tête aux pieds :
Dans un village de *la Mancha*, le maréchal avait con-
damné à mort, comme fils de rebelle, un enfant de
cinq ans.

Le petit, ne comprenant pas ce qu'on lui voulait et
croyant à quelque jeu, ne tenait pas en place ; les
balles des soldats chargés de le fusiller passaient au-
tour de lui sans l'atteindre. Ce que voyant, Narvaez,
conçut l'ingénieuse idée de faire rouler par terre une
orange ; le malheureux enfant se précipita alors sur elle
pour la ramasser. Au moment précis, le maréchal com-
manda le feu et l'enfant tomba roide mort.

Le maréchal Narvaez, duc de Valence, lui, s'est
éteint doucement dans son palais et Pie IX lui ferma
les yeux avec une bénédiction.

Du parti *moderado*, affaibli par des divisions intes-
tines, naquit en rechignant le parti *polaco*. Le comte
San Luis, du haut de la tribune, avait jeté cette protes-
tation : « Mes amis et moi, nous saurons garder le pouvoir, devrions-nous être seuls à nous défendre, ainsi
que la race polaque contre les attaques des Mosco-
vites. »

De là ce nom de *polaco*, inscrit sur le drapeau des
resellados-modérados.

La fraction polaque comptait des hommes d'une
force et d'un tempérament remarquables. Don Esteban
Collantes, ministre des travaux publics, ayant ouï-
dire que, dans les foires de la banlieue de Paris, il

existait des hercules qui levaient à bras tendus des pierres de cent kilos, ne voulut pas rester en arrière. Il *leva* trente mille *cargos* (1) de pierre avec une telle agilité, que le gouvernement s'en émut et lui intenta un bon procès.... Faut de la force, pas trop n'en faut.

L'Espagne ne saura jamais reconnaître le mérite de ses hommes.

La division entre le comte de San Luis et le duc de Valence fut une question de... mollets.

Le banquier Salamanca — saute, marquis, mainte-nant ! — était à ce moment impressario du théâtre du *Circo*, à Madrid. Deux danseuses ennemies, la Cerrito et Fanny Essler, faisaient fureur sur la scène, et rage dans la salle. Les deux ministres se montrèrent le poing et devinrent chefs de claque.

A la bonne heure ! voilà une large façon de traiter la politique !

** * **

Le deuxième parti est composé des *neo-catolicos*. A sa tête, Dona Isabelle II et son mari Don François d'Assises ; conseillers : le padre Claret et sor Patro-cinio ; lieutenants : le général Pazuela, l'avocat Noce-dal et les frères Concha.

La cause est soutenue par le *Pensamiento Español* et la *Regeneracion*, journaux qui se recommandent aux apothicaires en quête d'une feuille qui puisse avan-tageusement se substituer à l'opium.

---

(1) *Cargos de piedra* : monceau de pierres concassées qui ser-vait à l'entretien des routes royales ; chaque tas vaut à peu près dix francs.

III.

Les jugements portés sur la Reine sont fort divers ; quoi qu'on en dise, Isabelle II a quelque chose d'Isabelle la Catholique.

Matrone robuste, volumineuse même, — nous ne disons pas forte femme, — d'une constitution à l'épreuve, — nous ne parlons pas de constitution politique, — tout dans sa personne semble avoir horreur du vide.

Foin des méchants propos et des perfides allusions !

Le rôle de la femme est d'être mère : Isabelle II donne à son peuple, tous les ans, un nouvel héritier ; mieux que cela, un nouveau prétendant !

D'une main secourable, elle attire jusqu'à elle les hommes de moyens et d'action.

Elle protégea Arana, plus connu sous le sobriquet de *Pollo real*, — *petit poussin de cour* ; — Tenorio, un gaillard qui avait de l'étoffe, fut remarqué par Sa Majesté ; elle l'éleva jusqu'à elle, et le fit général d'armée.

Grande artiste, elle couvrit d'un pan de son manteau le compositeur Emilio Arrieta, dont la célébrité fut européenne ; jusque dans les chaumières, à la veillée, on conte à demi-voix les exploits du protégé de la Reine.

Le zèle d'Isabelle fut si vif et sincère, qu'elle associa aux travaux d'Arrieta le baryton Tirso Obregon, organe puissant, instrumentiste consommé.

Et tandis qu'elle étendait ainsi ses grâces sur ses sujets bien-aimés, le monde interprétait à mal ses

actes les plus innocents ; ses intérêts privés en souf-
fraient. Il fallait un homme qui s'en occupât.

Marfori, qui n'a rien du poussin de cour celui-là,
Marfori, l'intendant aux larges épaules, fut commis à
cette besogne.

Mais voyez un peu où la calomnie va se nicher ;
jusque dans le cerveau d'un Français, poëte comique,
M. Meilhac.

M. Gaztambide, directeur du théâtre de la *Zarzuela*,
Opéra-Comique de Madrid, ayant eu la fantaisie de
représenter *la Grande Duchesse de Gérolstein*, les cen-
seurs de la reine y opposèrent leur *veto*.

« Les Espagnols auraient pu retrouver dans la
grande-duchesse le portrait vivant de leur souve-
raine !!! »

IV.

Pline a caractérisé la race ibérienne en deux mots
éloquents et justes : *Vehementia cordis*.

Peuple espagnol, peuple au cœur véhément, Char-
les-Quint, et Don Juan d'Autriche étaient seuls dignes
de te comprendre.

Courageuse dans la lutte, patiente dans l'adversité,
généreuse et grande après la victoire comme après la
défaite, cette nation, constamment méconnue, trahie
et vendue par ses maîtres, ne s'est jamais cependant
prostituée.

Le virus qui gangrène la cour n'est pas encore, Dieu
merci! descendu dans les moelles du peuple.

L'honneur, cette santé d'une nation, est sauf.

Opprimés tour à tour par des Messalines et des

Tibères, les Espagnols frémissants ont su ronger leur frein en silence.

Ces années de deuil leur auront appris à connaitre la vérité ; et désormais ils n'auront plus d'illusions généreuses sur le compte de leurs prétendus libérateurs.

A la veille d'une transformation sociale qui fera date dans leur histoire, comme 1789 en France, ils sauront s'affranchir de tout despotisme, qu'il se nomme anarchie ou protectorat militaire.

L'Espagne veut un Homme ayant souffert comme elle dans sa fortune et dans sa famille ; elle veut un esprit éclairé et ferme qui saura la guider et lui assurer à tout jamais les droits imprescriptibles de l'humanité.

C'est au peuple espagnol qu'il appartenait de choisir son chef.

Qu'il soit acclamé par le suffrage universel !

Que la Jeune Espagne, apprenne aux princes de la vieille Europe comment un peuple fort de ses droits, et soucieux de ses devoirs, fait UN COUP D'ÉTAT !

FIN.

Paris. Imp. Paul Jacquet, 11, Fbg Montmartre.